JN440213

그냥 한번 불러보는

강해림 시집

시인동네 시인선 006

강해림 시집

그냥 한번 불러보는

시인동네

시인의 말

새벽에 홀연히 깨어 마시던
첫 샘물아

시린 부리로
무엇을 그토록 맹렬히 쪼아대었나

일찍이 빛이며 어둠이었던 것들
이종교배로 태어난 신생(新生)들아
동이 트면
사라져간 것들아

나, 이제
다산의 어미가 되어
한 오백 년쯤
더 늙어가려니

2013년 11월 그믐날 새벽에
강해림

그냥 한번 불러보는

차례

제1부

제2부

제3부

제4부

제1부

바람의 사전

바람의 탑

입 없는 돌멩이의 몸 빌린
바람이 서로 고단한 몸 포개고 있다
나무꼬챙이에 하얀 말머리뼈를 달아놓아 신들이 보시기에 좋겠다

책, 바람흘림체의

문맹의 마지막 망명지인 내가
세상의 모든 목적달성과 논리가 거절한 영혼으로 불어가면서
허공에 쓰는,
첫 문장도
끝 문장도 없이

중풍

>

울 엄마 바람서방한테 치맛자락 잡혀서
늑골에 뜬 달은 물에 불은 나무토막 같아서 온다온다 해놓곤
오동낭개 걸려서, 세월은

풍장(風葬)

눈먼새가와서쪼아먹고햇볕과바람이교대로와서거두어가는, 사람들이시(詩)라고부르는

바람났어

여자의바람은풍향이복잡하지약풍으로불어와통째로뿌리뽑히지복사꽃,불을확당겨놓은듯얼굴이예뻐지고헤어스타일이바뀌고구두굽높이가달라지고암튼,

바람의 납골당

이제 밥그릇 같은 유골항아리 속에서 고단한 두 다리 뻗어도 되겠다 바람은

국지풍, 혹은 높새바람

갓 터져 나온 꽃망울들
입술과 입술이 포개질 때
소통불능의, 불편한 진실은 아름답지
오래전 거래 중지된 내 안에서만 죽어라고 불어오는

그냥 한번 불러보는

엄마, 한번 불러보지도 못하고 사산된 울음아

소경을 불러 미친 어미를 꽁꽁 묶고 복숭아 나뭇가지로 후려치면 비명소리에 도망치던 귀신아

엄나무 가시를 뽑을 때마다 생각나는 그리운 역병들아

그 흔한 봉분도 관도 없이 처형의 세월 견디고 있는 말의 침묵, 말의 형벌아

너 가면 나도 갈 텐데, 남긴 뼈 하나 채 수습하지 못한 청춘아

버려진 상엿집 똬리 튼 배암 옆에서 하루 종일 잠이나 자빠져 자는 오색 만장 같은 슬픔아

단 한 번의 사정(射精)을 위해 백 번을 참고 참았다가 오는 새벽아

허공에, 넋전이 나부끼고 무쇠식칼이 날아다니고 쌀알이 흩어진다 흰 피 풀어 씻김굿 하는 어둠아

환한, 밤의 자궁아

아무도 모르고

아무도 모르고, 아무도 모를 수밖에 없는 것들의 치정을

내시경으로 들여다보는 내 욕망의 횡설수설을

이제는 수취불명이 된, 붉은 달의 이면지에 쓰는 네 영혼의 주소를

내 전생의 마흔아홉 댓귀〔對句〕의 이야기들을

저 높은 곳을 향하여 흘러가는 미혹과 망상의 흰 구름떼를

일곱 빛깔 쌍무지개의 편의적 가설을

소크라테스도 피론도 한 권의 저서도 남기지 않았다는데 말짱 헛소리뿐인 내가 쓴 문장들을

붉은 여우는 보름달이 뜨면 북쪽이 그립고 발정기가 되는가를

유통기한이 끝난 내 사랑의 부패 속도를

결국 한 마리의 물고기도 못 잡아 올리는 언어의 매트릭스를

혁명은 왜 꽃처럼 아름답지 않고 치명적인가를

신기루는 사막의 혼이 아닐까 하는 따위의 내 궁벽한 상상력의 진원지를

불편과 오류뿐인 나를

유리

그녀는 자폐증을 앓는 계절, 분열하고 싶지

그녀는 물의 뼈, 투명한 등뼈를 타고 흐르는 무의식이 빤히 보이지

그녀는 고요의 비명, 낚아채간 햇살들로 고요히 끓어올라 내게 파고들지

그녀는 슬픈 마그마, 공포와 불안으로 흘러넘쳐 얼룩지고 싶지

그녀는 빛의 장례, 빛을 잉태하는 순간 무덤 속으로 사라지지

그녀는 세상의 모든 은유, 세상의 모든 맑고 투명한 독을 마셨지

그녀는 스팸 메일, 한밤중에도 균열의 문장으로 내게 메시지를 보내오지

>

그녀는 첫서리, 오래전 죽은 관능으로 내 목덜미를 와락 끌어안지

그녀는 하얀 악마, 단 한 번의 키스에도 쓰윽 베이지

쨍그랑! 깨지지

시간에 대한 나의 편집증

벽과 벽 사이에 시간의 집이 있다 시간은 아무도 없는 집에 홀로 남아 늘 혼자 논다 똑딱똑딱, 외롭지 않다

결국 자기 꼬리를 물고 돌고 돌았을 뿐, 백일몽은 짧고 시간의 집은 전망 좋은 집 바라보기에 좋은 처소에 있다

한 번도 내 품에 든 적 없는, 그러나 내가 고요에 들 때 내 몸에 장전된 너를 느낀다 눈도 코도 귀도 없는 부재의, 사랑스러운 너라는 괴물!

한밤중에 깨어나 혼자 듣는 네 숨소리 금속성의 검은 수의를 짜는, 내 목을 죄고 두개골을 갉아먹으며 파고드는 째깍째깍

시간은 힘이 세다 썩지 않고 붕괴되지 않고 벌레의 밥이 되지 않는다 죽을 것같이 쓰리고 아픈 상처도 거뜬히 들어올린다 내 망각의 늪 속엔 시간이라는 이름의 푸른 악어가 사는데

만물수리상 김씨네, 뻐꾸기 소리 사라진 숲속의 그 많은 시

계바늘이 가리키던 시간들은 다 어디로 갔나 동상이몽의 톱니바퀴들 근친상간적 소망으로 시간은 광합성 작용을 일으키고 재생산될 것이다

태양과 달의 아들, 대지가 너를 젖먹이고 바람이 길들여 키웠다 딸랑딸랑 유랑마차를 타고 한 번 집 나갔다 하면 돌아올 줄 모르는

누가 그를 본 적 있나요?

금서
— 타클라마칸

불모라는 말의 어원을 찾아간다 낙타나 흰목숲쥐가 낙타풀이나 선인장 같은 가시 돋친 것들만 즐겨 먹듯

먹다 뱉은, 붉은 피로 물든 가시의 흔적도 풍사 침습의 흔적도 없다 풍문(風紋), 바람의 문양만 있다

읽는 순간 모래글씨가 사라진다

태양이 갈라놓은 명과 암 극명한 각이 흘러내리는 모래구릉은 관능이다 아찔한 죽음의 엉덩이

시간의 기억마저 후끈거리며 녹아 흘러내리는 열기 속에서 책은 스스로 극한이 되어 무겁고 또한 가볍다 바람이 부는 대로 이동한다

모래무덤 속 미라처럼 바짝 마른 건조체의 문장은 비틀어도 물 한 방울 나오지 않겠다 저 동의반복의

가시 돋친 혓바닥에 핀 꽃들은 향기가 없다지

모래 속에 잠든 왕국 누란도 천막궁전도 내 위에 세우지 말라는 검은 채찍 같은 고요에 홀려

불현듯 책장이 찢어지고

모래글씨가 춤춘다 모래폭풍이 분다 천지가 뒤바뀌고 깜깜해졌지 순식간에,

숨

훅, 불면 날아가 버릴 듯
가벼운

콧구멍 속으로 우주가 들어왔다가 나갔다가 한다

탯줄 끊었던 자리에
태산이 솟았다, 꺼졌다가 한다
저 자취 없는

캄캄한 몸속에
넘실넘실 황하보다 더 깊고 싯누런 강이 흐른다
전생에서 후생으로
후생에서 전생으로

다시, 배꼽에
그 큰 강울음이 피었다, 졌다가
반복하는 고요의 소요를 듣는다 만공(滿空)의, 잠시 머물렀다가 무한궤도

우주정거장으로 떠나는

둘이면서 둘이 아니고
내 것이면서
내 것이 아닌

임종의 내 목구멍에 붙어서
간당간당
춤
추
는

병들다

들린다는 건
하늘의 일

귀신도 아니고 넋도 아닌 것이 부지불식간에 들어와 버려
덜컥 병든 몸

빼도 박도 못하고
무덤까지 가지고 갈 병 하나 옆구리에 차고 사는 일
너 아니면 죽을 만큼 아파서
내 살과 뼈를 안치고 애끓는 일

그 많은 권태와
권태의 궁전에 핀 꽃들의 오지 않은 부음과
오지 않은 시간의 비문이 흘리는 농담과
죽은 꽃들의 다비식에 불려나온 늙은 고요와
제상에 올린 고봉밥보다 더 수북한
불온으로 배를 채우고도 걸신들려 손가락이라도 물어뜯다
죽을 일

징역 사는 일

진짜 무당이 되려면 만 번을 울고 가야 한다는데
만 번을 돌고 돌아 헤맬 일
환한 대낮에 거울 속 캄캄한 무덤에서 나온 여자를 바라보는
참 쓸쓸한 일

칼 위를 걷는 일
두 발 달린 짐승이면서 한 번도 땅에 발 디뎌본 적 없는,
허공과 섹스 하는 일

내가 시 쓰는 일

불멸의 완성

3,300년 만에 무덤 속 완두콩이 부활했다 열일곱, 어린 왕이 죽을 때 부장품으로 넣었던 것 그는 황금가면을 쓴 미라로 발굴되었는데, 왕의 영원한 안식을 침범하는 자는 저주를 받고 죽어갔다는데

지하 무덤은 입구를 봉하고, 영원불멸로 가는 계단마저 감추고 꼭꼭 숨겨두었던 것 그토록 많은 낮과 밤이 서로 몸 바꿔 흘러가면서 길들였을 야생의 유전자는 비밀이다 다만 차가운 석관 같은, 오래 무릎 꿇은 제의(祭儀)의 시간이 끔찍하다 스치기만 해도 먼지처럼 폭삭 내려앉을 것 같은 위기와 갈증이, 고 작은 몸으로 하여금 스스로 사막이 되게 했을 것이다 그리하여 사자(死者)의 서(書)를 읽는 밤이면 감히 불멸을 꿈꾸었던 것

황금가면을 벗은 미라는 눈도 코도 없다
움푹 파인 흔적만 있다
쩍쩍 금이 간 몸에 홍조가 돌아, 싹이 트고
푸른 넝쿨을 뻗고 올라가 보랏빛 꽃을 피우고
허공에,

주렁주렁 깊고 푸른 방을 차렸다

오늘밤 왕의 식탁에 올려도 되겠다

저 오래 버려진

폐염전, 소금창고 한쪽 구석에 디지털 피아노가 버려져 있다 다리가 없다 나무판자 틈새로 들락거리던 해풍에 헐거워진 불구의 몸이 입 꾹 다문 채 금방이라도 흘러내릴 듯

모닥불 타다 만 흔적인 듯 검게 그을린 바닥에 찢어진 비닐 쪼가리와 페트병, 지푸라기가 함부로 나뒹굴고 있다 해 저물고, 소금창고는 배고픈 짐승처럼 저 혼자 텅 비어서 캄캄한데

저 오래 버려진

갯벌 구멍 숭숭 뚫린 것들끼리 상처 핥아주며 온기 나누는 밤이야 오지 않는 협궤열차를 기다리며, 너무 외롭고 막막해져서 서둘러 한 몸이 되어 엉켜버릴
달빛커튼 아래

사는 게 빈 소금부대 같아서 참 치욕 같아서
또 어느 늙은 염부가
지겹고도 지겨운 수차를 돌리는지 쓰디쓰려서

저절로 음악이 되는

몸, 폐허

이것으로 소금밥을 짓고

이것으로 짜디짠 소금밥을 짓고 시를 쓰고 내 상처에 대고 박박 문지르기도 했는데

슬슬 뿌려두기만 해도 펄펄 살아 큰소리치던 것들이 조용히 숨죽이고 처분을 기다리지 막 꽃피우기 직전의 부패나 불순한 세력도 이것 앞에선 꼼짝 못하지

이것을 얻기 위해 전쟁이 일어나고 세계사가 바뀌고 수백 리 아라비아 모래해변을 맨발로 걸어간 이가 있었지* 비폭력의, 이것의 투쟁하는 눈빛으로

쨍쨍 태양미사가 시작되고

염부는 사제가 되어 성소인 염전에 들지 검정 장화를 신고 고무래로 바다를 밀고 다니느라 뜨겁게 타오르지 저 끝없는 노동, 스스로 번제의 제단에 오르기 위해 벌겋게 익어가는 중

이윽고 마지막 남은 등뼈까지 다 태우고 증발하자

지천에

핀, 저 희디흰

부활의 수사(修辭)가 눈부시지

---

* 간디.

이끌린다는 건

산길 걷다가 문득 참 지루하고도 장엄한 행렬을 본다

끝이 없다

이 산등성이 어디 대역사라도 벌어지고 있는 중일까

어떤 자력이 저것들을 유인하는 걸까

가만 보니 한 방향으로만 이동하고 있는 게 아니라 상행, 하행선이다

서로 스쳐 지나면서, 곁눈 한 번 주는 법 없이 부지런히 떼지어가는 모습이 한 줄의 긴박한 문장 같다

새까맣다

태산 같은 바위로 내리치거나 도끼로 손목 찍어봐라 멈추겠나

웬수 같은 시 한 줄 받아 적는 밤의 문장이, 저 불철주야의 근성이 수미산이라도 넘어가겠다

북극과 남극이 빅뱅 직전의 그리움으로 서로 열렬히 끌어당기듯

이끌린다는 건 내 안의 대지진, 대빙하야

먹장구름 앞장세우고 소나기가 몰려오듯 이 벅찬 기류를,
홀린 듯 쫓기는 듯 다급한 행보를 부르는 이 미친 페로몬향기는 누가 방사한 것이냐

끝이 없는 행렬의 끝 구멍 속으로
속속 사라지는

헌화(獻花)

앞바퀴에 뭔가 걸린 듯
물컹한
순간, 만개(滿開)의
붉은 액체의 비명이 허공에 뿌려졌다

어둠과 정적만이 활개치는 아스팔트 위에 홀로 남아 멀어져 간 저 검은 물체는

유언도 작별인사도 없이 바로 즉사했다는 마지막 진술서 같은 밤은 목격자도 없고

개죽음이야

바로 나야
수백 번 수천 번도 넘게 건넜던 길을 횡단했을 뿐인데, 쏟아지는 헤드라이트 불빛에 눈먼 순간의 환한

비명횡사의 피로 물든, 장엄한 헌화를 감히 생각했을까마는

>

형체도 없이 납작
말라붙은 혈흔의 꽃잎이 아라베스크 무늬로 새겨진 신전의
번제(燔祭)로 바쳐지길 원했던 건 아닌데, 내 야생은

누군가에 의해
쓰레기봉투에 넣어져 깨끗하게 처리될, 최후의 방식을 택했던 건 더더욱 아니고

다만 오랫동안 걸었던 길을, 그 길을

비로소 적막에 든

귀를 잘랐다

스스로 못질을 하고 관 뚜껑을 닫아버린 귀는
소리가 태어나 죽는 찰나의 생애를 음각하던 귓바퀴 흔적만 남은 슬픈 귀는
이 세상 먼저 하직한 것들이 돌아와 달팽이관 같은 방마다 알전구 켜지는 소리, 비로소 적막에 든 귀는
죽을 만큼 쓰리고 아파도 엉엉 소리 내어 울어본 적 없는 귀는
추방된 이교도처럼 일찍이 세상의 모든 소리와 불화의 성전을 차리려 했던 귀는
귓밥이 저 혼자 달그락거리다 굴러 떨어진 낭패 속이어서 더욱 아늑한 귀는
소음과 잡음에 시달리느라 딱딱해진 어둠의 각질을 뜯어내며 고요를 견디고 있는 귀는
늙은 떡갈나무에 노란리본을 달아주듯 죽은 혼을 몸에 심을 때마다 귀신 우는 소릴 내는 귀는
누가 무덤 밖에서 비문 없는 비문을 탁본하는지, 붉은 지느러미가 돋는 귀는

제2부

너를 먹고 너를 꽃피울 거야
— 일식

너를 먹고 너를 꽃피울 거야 혀가 타들어가는 줄도 모르고 너를 파먹지 막 사정을 끝낸 수사마귀를 잡아먹는 암사마귀처럼 머리부터 야금야금, 새까맣게 타들어간 나는 온데간데없지만 너 아니면 불모인 내가 짐승 같은 숨소리로 달몸살을 앓는데, 차고 이우는데 너는 죽어서도 내 슬픈 자전(自轉)이야 내 분화구 속에 빠진 나야 얼굴 없는 악몽이야 뜨거운 부재(不在)야 천지간에 우리 둘만 달랑 남아 깜깜하지 온몸이 달아오르지 순식간에 밀물 들고 썰물 지고, 둥둥 만월로 부풀어 오르는데 너를 잉태하고 너를 낳을 거야 파먹을수록 허기가 져 허겁지겁

쿠마리*

막 도살한 가축들의 피 냄새가 진동하는 캄캄한 방, 어둠의 밤이 선택한 나는

태어난 것도 태어나지 않은 것도 아닌 나는

먼지와 비둘기똥 냄새 음습한, 목조사원에 유폐되어 깔깔거리며 웃어도 안 되고 무서워서 소릴 지르거나 울어도 안 되는

저주와 축복을 동시에 수혈 받은 나는

진한 화장을 하고 제법 근엄한 표정으로 앉아서 왕의 섬김을 맹세 받고 복을 빌어주는, 아직 솜털 보송보송한 나는

장난감 대신에 온종일 행복이니 불행이니 하는, 인간의 운명을 가지고 놀아도 지겹거나 따분하지 않아 전지전능한 나는

구슬을 꿰듯 비밀 기도문을 줄줄, 사람들이 여신이라 부르는 나는

>

몸에서 피가 나거나 초경이 나오면 부정 탄 여자가 되어 쫓겨 나지 신도 인간도 될 수 없어 떠돌다가, 결국

피 칠갑을 해서라도 나로 태어나고 싶었던 나는

---

* 네팔의 살아 있는 여신. 고대 힌두 여신 '칼리'의 환생으로 초경을 하기 전의 어린 여자아이.

공포는 공포를 모르는데

사내는 양의 명치를 칼로 슬쩍 찢고는 잽싸게 손을 들이밀어 동맥을 움켜쥐는 것이었는데, 그러니까 죽음의 공포 없이

그날 밤 게르*에서 자다가 한밤중에 오싹한 한기에 눈을 떴는데, 내 오른쪽 귀에 바짝 대고 헐떡이는 짐승의 호흡 소리, 얇은 천막 한 장을 사이에 두고

공포와 불안은 이란성 쌍둥이, 가죽부대 속에서 밤새 나무막대기로 휘휘 저으면 뭉글뭉글 거품이 일던 발효의 시간은, 하얗게 질린 저것들 낯빛 닮은

시큼한 술 냄새가 담벼락에 날 밀어붙이고 입술을 덮자 다족류의 차가운 것이 발끝에서 머리끝까지 훑고 지나갔지 순식간에,

정복자 칭기즈칸은 공포스러운 사내, 푸른 늑대의 피가 흐르지 그러나 적장에게 약탈당한 아내가 임신해 돌아오자 그 아이를 장자로 삼았다는 대목에선,

당신도 나도 바람의 자식, 죽어서 풍장 한다면 어미인 바람이 와서 거두어갈, 바람의 뼈는 고소공포증을 모르는데

고비사막 한복판에서 지프는 펑크의 연속, 스페어타이어는 마지막 하나

바람의 나라에서 바람한테 발목 잡혀, 공항에서 하룻밤 노숙하고 돌아온 날 아침 주식은 사상 최고의 공포지수를 기록하고

공포는 공포를 모르는데

---

*게르 : 몽골 유목민들이 사는 천막집.

슬픈 것들을 생각하면

슬픈 것들을 생각하면 왜 모나지 않고 둥근가 조금씩 아껴가며 파먹던 숟가락도 내 혀도 둥글고 저 봉두난발, 바닷가 무덤도 둥글고 둥글어서

먹구름 같은 얼굴로 밀려와서는 덮쳐버리기라도 하면 어쩌나 젖무덤을 물어뜯고 엎치락뒤치락 난파선이라도 된다면 파도, 절정의 높이에서

거기 잠들어 계신 이 누구인지 양철통을 망치로 탕탕 두드리듯 둥근 것들을 펴서 나란히 몸져눕고 싶은 것인지 그 밤, 폭풍우를 향해

무덤가 빈집, 불 들인 지 오래인 아궁이 앞 버려진 부지깽이처럼 저 혼자 뜨거워졌다간 식어져서는 알딸딸해오는 것이었는데

제삿날 놋그릇에 하얀 쌀밥을 꾹꾹 눌러 수북하게 담은 듯, 보름달 하나 잡아먹은 듯 배가 불룩한

달바라기 하던 봉분 속도 물살이 드세지고 만조가 되는 거라, 달뜨는

산몸을 덮친 것은 순식간이었는데 둥글고 둥글어서

꽃가루도 날리지 않는데

내 더러운 핏속에 죽은 태양이 좀비처럼 돌아다니나 봐요

가려워 미칠 것 같아요

민들레 냉이꽃 노루귀는 죄 없는 꽃, 꽃가루도 날리지 않는데 내 이마에 새겨지는 과민반응, 혹은 주홍글씨로 쓴

벅벅 긁으면 긁을수록 견딜 수 없는

구제역이 휩쓸고 간 텅 빈 축사처럼 시궁창에 대고 피 찌꺼기까지 남김없이 쏟아내 버렸으면 좋겠어요

죽음의 축제를 위해 죽은 짐승들은 한 번 더 죽는 봄날에

냉하고 습기뿐인 내 안의 어혈이 꾸물꾸물 기어가면서 이상한 나라의 문자로 돋을새김 하는

너무 빡빡 문지르거나 비누로 씻지 마세요 늘 결벽증이 문제예요

>

하나마나 한, 아리송한 처방전만 주는 세상을 향해

날 버린 당신을 향해 한방 근사하게 먹이고 싶었는데

더러워질수록 불긋불긋 돋는, 이 치명적인 유혹

가려움이 만개하도록

나쁜 피를 수혈해줘요 제발!

투명한 동전들*

저기 저 자리에 개찰구가 있었고 그 옆에 공중전화기 부스가, 여기 낡은 플라스틱 벤치에 앉아 오지 않는 애인을 기다렸지 기억하는 모든 것

구(舊) 서울역이 복원되었다 '정관 복원술은 인간이 입을 수 있는 가장 훌륭한 갑옷이다' 가임과 불임, 녹슨 레일은 영원한 평행선 칙칙폭폭 기차는 오지 않고

전시실 마룻바닥에 검정 스피커시스템과 녹색 나무의자들이 침묵한 채 서로 마주보고 있다 가까이 있어도 먼, 투명한 동전들

인간의 뇌는 고작 1,400g, 후랑크 소시지 무게만 하다 단백질 덩어리로 된 이것 때문에 널 잊지 못해 불인두로 지진 듯 가슴 아프고 아뢰아식으로 남아, 불생불멸의

복원된 시간, 티켓 한 장 달랑 들고 사향노루, 수달, 하늘다람쥐, 반달가슴곰 발자국을 찾아가는 우리는 수상한 승객들

난간에 서서 창밖으로 바라보는 역 광장은 고성과 집회, 어디론가 바삐 걸어가는 사람들 끝없는 행려로 북적거린다 안과 밖 차이는 분명하다

동전은 한 번도 제 뒤통수를 본 적 없고

칙칙폭폭 기차는 오지 않고

＊최수환과 이세옥의 가변설치 작품.

관계

그녀에게 자기 외엔 어떤 남자도 사랑할 수 없을 거라고
마법을 걸어준 사내는
그녀의 친구와 연인이 되었고,
사랑과 증오 사이

까마귀 날자 배 떨어진다
까마귀와 배나무 사이

새벽에, 당신 다녀갔는데
실오라기 하나 잡히지 않는 허전한
꿈과 현실 사이

임종 때 아버지는 몇날 며칠을 혼수상태로 누워 계셨는데
그때 슬프다는 생각보다 잠 생각이 더 간절했는데
슬픔과 잠 사이

성경에서 **11**이라는 숫자는 죄스러운 어떤 것을 상징한다는데
2001년 9월 **11**일, 뉴욕 맨해튼 쌍둥이 빌딩이 폭격당했다

11에서 0 하나 더 보탠 110층짜리 건물이 순식간에,
11이라는 숫자와 죄 사이

고사목 목을 부둥켜안고 능소화가 친친 감으며 올라가
떨어지기 바로 직전에 흘레붙은
절정의
순간과 영원 사이

도마에는 오선지가 없다

아가미를 떼어내고 비늘을 털고
익숙한 손놀림으로
죽음을 완성하는 그는 명연주자다

뼈를 발라내고 살을 저미는
칼의 현이 지나갈 때
아직 막소금을 치지 않은 신선한 주검 냄새가 단조의
어둡고도 우울한 음을 흘리고 있다

스민다
붉은 피!
그 위로 스타카토의 경쾌한 음이 지나간다

저 도마 소리

그는 검은 연미복 대신에
검정 바지에 검정 고무신, 늘 같은 곡만 연주한다
난바다 헤엄쳐 온

슬픈 어족들 내장이 빠져나간 뱃속처럼 움푹 파인
도마에는 오선지가 없다

어느덧 어둠의 변주가 시작되고
도마 소리 멈춘
생선가게엔 파리 떼가 윙윙
생선대가리만 수북한 쓰레기통 속에서 비릿한
죽음의 구음(口音)이 흘러나온다

밤의 장막이 천천히 내려오고 있다

노역

아무도 없는 바닷가
모래사장에 의자가 하나 놓여 있다

왔다가
갔다가

도무지 지칠 줄 모르는
바다의 노동을 무료하게 바라보고 있다
하얀 물거품, 헛되고도 헛된
시간이 주는 밥이나 축내며 살아가는 일의 고역이여

저 텅 빈 자리가
더욱 오래 비어 권태의 빵이 노릇노릇 익어가기를,
뜨겁게 달구어주느라
태양은
저 높은 데서 내려오지도 못하고

시간은 공회전 중

>

몽돌밭 해당화는
제 가슴만 쥐어뜯다 손톱 밑이 아려서 붉고
수평선은 하늘과 바다,
경계를 펼쳐 든
손의 긴장을 늦출 수 없어 쥐가 나고

독거(獨居)

내가 사는 아파트가 무인경비체제로 바뀌었다
현관 출입문이 통제되고
경비원 김씨가 근무하던 경비실
유리창 너머가 캄캄하다
의자 혼자 남아

왜 체제는 바뀌어도 한 평 감옥의 자유는 보장되는 걸까 생각하는데

낯선 방문객 같은 계절이 오면 오는지 가면 가는지도 모르고

쓰레기 분리수거함 주변을 기웃대는 수상한 바람의 거동이나 살피며 처박혀서

눈 마주치는 순간 아파트 화단 뒤로 몸 숨기는 얼룩무늬 길고양이의 허기를 닮았는데

그래도 언제 목 잘릴지 몰라 전전긍긍하거나 만성두통에 시

달리지 않아도 좋았고

갈등이나 번민도, 낮과 밤 2교대도 없이

우편 반송함처럼 텅 비어서

한 덩이 차가운 검은빛의 순수가 꿈꾸는

불이 당겨지고,
진흙을 처발라 입구는 봉쇄되었다

미끄러지듯
빙빙
불의 원무가 시작되었다

너울너울 춤추는 불바다 속으로 자진해 들어간다
죽어서야 온전히 하나가 되어
펄펄 끓는 몸,
불덩이와 불덩이가 서로 엉겨 붙어 뜨겁고 격렬하게 벌이는

소신공양이다

가부좌 틀고
꼿꼿이 앉아, 미친
불의 혀로 칭칭 휘감아 조여오는
차갑고도 섬뜩한

불의 고문,
불의 열락

마지막 순간까지 비명 한 번 지르지 않고
미소를 머금은 고통의 얼굴이
활활

이윽고, 시커먼 숯덩이가 되었다

블랙홀이다
한 덩이
차가운 검은빛의 순수가 꿈꾸는

바닥

새벽 두 시 역 대합실
바닥에서 사내들 몇 깡소주를 마시고 있다

화끈거리는 알코올
도수 높은 어둠의 심해에 떠 있는 봉분들
여기 저기
꼬꾸라져 새우잠에 든

등대에 불이 켜지듯
불콰해진 얼굴들이 불현듯, 환해진다
누군가 우동국물을 얻어온 것
우르르 몰려드는 순간
퍽!

터져버린 검정 비닐봉지에서 흘러나온
우동면발로 흥건해진
바닥을 바라보는 눈빛들이 오싹하다
마치 먹이사냥을 하다가

놓쳐버린

걸신 들려
노려보는 짐승 한 마리 내 안에 살고 있지
혓바닥이라도 대고 핥고 싶어

시(詩), 저 바닥없는

무명

울 엄마 자궁에서
세상구경 나올 때
처음으로 날 받아준 건 무명이었네

내 자궁 문밖으로 흘러간 초경이
닿은 첫 귀착지도 무명이라네
밤새 물레를 돌리고
실을 뽑아 베틀가를 부르며 짜 올렸을

고 착하디착한 것이 변심을 했나
아리아리 아프고 억울할 일도 없는데
질기고도 캄캄한 것이
가슴 쥐어뜯으며 자승자박하게 하던 것이

무명(無明)도 없고
무명 다함도 없다는데
악착같이 기어오르는 사고무친인 것이
진드기처럼 들러붙어 끝내 떨어지지도 않던

>

통성명할 이름 석 자도 없는 것이

우두커니

어둠 속에서 부엉이 눈처럼 껌벅껌벅 우두커니 서 있는 저것은, 가로등 희미한 불빛 받아 더욱 차가워 보이는 양철지붕을 고독한 자의 모자처럼 쓰고, 허공이거나 발밑 제 그림자를 건성으로 응시하고 있는 것인데

동전 몇 닢이면 영혼까지 판다지 너구리 사슴 노루 새끼 같은 순한 짐승들 남기고 간 배설물 말라붙은 샘의 기억을 찾아가다 만난 사내와 눈 맞아 주었을
버튼만 누르면

가로등 자동점멸기도 작동을 멈추고, 고요의 소란으로 들끓던 제 안의 어둠도 깊어 외롭게 굴러가는 달빛깡통 하나 진저리 치듯 철커덕 토해놓기도 하는 것인데

오래전 판매 금지되었던 것들만 생각하느라 우라지게도 눈만 붉어진, 너무 오래 내 안에 세워두었군 저 짐승

양철모자 쓴 자동판매기야

제3부

흑백사진 속에서 깡마른 손 하나가

오래된 잡지 흑백사진 속에서 깡마른 손 하나가 불쑥 튀어나온다 온통 굵은 주름으로 결박해놓은

고사목 같다

손가락 사이 담배꽁초가 타들어가고 있다 빈속의 수심가(手心歌)가 자욱하다 마른 동굴 같은 저 속이 쓰디쓰겠다

마디마다 옹이가 있고, 툭툭 불거진 힘줄 버팅기는 힘으로 박혀 있는 손톱은 흙빛이다 불철주야, 흙의 경전만 파고들다 닳고 뭉텅해진 무지렁이의

한 모금 담배 연기를 들이마시고 내뿜을 때마다 온순해지고 사나워지는 제 몸의 들숨 날숨에 대해 나이테에 대해 골몰하는 손의 표정

결박의 시간이 역광이어서 더욱 선명하다

투사

기륭전자 옥상 텐트 속
소복 입고 단식 중인 두 여자
뼈와 가죽만 남은 앙상한 얼굴에 전의(戰意)는 없다
살기 위해 투사가 되어버린

뜨겁게 달아오른 콘크리트 바닥에 검은 관 하나가 무겁게 놓여 있다
근조(謹弔)라고
페인트로 써놓은 글씨가 결연하다

저 굳게 꾹
다문

언제 깨질지 몰라
위태위태한 침묵을 에워싸고 둘러쳐진 가시철조망 경계가 삼엄하다
교도소 독방보다 좁은 텐트는
외로운

섬, 위리안치의

그 많은 야근에 잔업으로 뼈 빠지게 일 해놓고
문자메시지 한 통에 목 달아난
목숨이 자청한

태양이 산 채로 염하는지 죽어라 내리쬐고
푹푹 찌는 텐트 속
기갈 나 발가락 하나 까딱할 수 없는
곡기 끊은 시간

어디 송장을 칠 테면 쳐봐라
죽음을 달라면
죽음을 주겠다
단호한,

저 모래구릉을 넘어가는 시간의 목이 길어질수록

사우나탕 통유리 속 모래시계가
한쪽 구석에서
알몸의 여자들 훔쳐보며 모래알을 흘러내리고 있다

골백번 오르락내리락 해도 꿈쩍도 않을
원죄의 저울, 이브는
잠시 기우뚱할
촌극의 무게만큼 가벼워지고 싶었을까

땀 뻘뻘 흘리며 좌선하여 삼매에 들고 있다
비대해진 욕망은
바라보는 것만으로도 안쓰러운데
줄줄 흘러내린 자리가 흥건하다

아찔한 엉덩이 닮은
호리병 속
시간이 거꾸로 흐른다
모래알이 쌓인다

>

저 모래구릉을 넘어가는 시간의 목이 길어질수록
움켜쥔 손아귀
아직 남은 모래알이 있어
사막은 아름답고
낙타는 돌아오지 않는다

실연(失戀)

— 우포

사지는 없고 몸통뿐인 짐승 같은, 이 진창

열아홉 순정은 가시가 돋아났지 가시는 싱싱했고 치욕이 욕창처럼 파고들어 아픈 제 살을 찢고 피어난 이 어여쁜

분홍 통증은 죽을 만큼 쓰디쓰리고 아려서 자주 들여다보고 꽃 본 듯했는데

털끝 하나 적시지 않고 물 위를 건너간 소금쟁이도 이별 없는 이별도 잊을 만하면 파문, 그리고 긴 정적

물 위에 공방(空房) 하나 띄워놓고 없는 애인과 한 살림 차렸으면, 꽁무니를 좇아 헤엄쳐 다니며 교미하는 것들로 살랑대는

거기, 생피 끓던 캄캄한 목구멍에서 참았다가 간신히 토해내는 그립다는 말 한 마디는, 일억 사천만 년 전에

풀벌레들 울음소리며 보름달이 엉덩이를 까고 참방참방 뒷물

하는 소리로 시끄러운

고요의 앵혈은

서랍들

알타미라 동굴보다 더 깊고 어두워져
내 영혼의 산달을 기다려
뱀의 아가리에 물린 듯
느닷없이 한 줄기 햇살에게 들키기 전에

하루 종일 방 한쪽 구석에서 혼자 중얼거리며 노는 음지식물처럼

분열하는 태양처럼 스스로 찢어지고 갈라지는 힘으로 굴러갔지 오래전에 송두리째 도둑맞은 무수한 내 안에서

의미 없는 웃음, 말라붙은 잉크 자국 선명한 자폐의 형틀에 비틀어 맨 내 슬픈 혀가 보이시는지

몸이 마음보다 아득한 날엔 낯선 침입자의 습격을 받고 망가져 어이없었으면

배낭 하나 달랑 메고 다시 한번 바라나시행 침대 열차에 몸

을 실었으면, 창밖에서 해가 지고 뜨는 줄도 모르고 쿨쿨

한숨 잘 자고 일어난 듯 깨어나 피 묻은 탯줄을 잘랐지 어둠의, 실하고 잘 생긴 사내아이 하나 해산했어

오래된 미래에

타오르는 책들

헨리 밀러의 북회귀선을 읽는 오후
북회귀선은 없다 오랫동안 외설로 낙인찍힌, 금서는 외롭다 어두컴컴한 방에서 수음하는 문장들

주어와 술어가,
비참과 타락이 서로 체위를 바꾸고 몰두하는
비문(非文)의 아름다운

오래된 책 속에는 시간의 체액 냄새가 난다 누렇게 변질된 족보 한쪽 귀퉁이에서 꾸물꾸물 기어 나온 검은 활자들 태반을 묻은, 계보를 알 수 없는 시간의 얼룩들

서가에 꽂힌 책들은 좋겠다 서로 등 기대고 앉아, 시간과 공간이 사라진 심연에 낚싯대 하나 달랑 드리워놓고 오수에 빠진 몽상가들 흉내나 내며 늙어갈 테니까

다시 북회귀선으로 돌아와,
책의 내부에도 지퍼가 있다면 고래 뱃속 같은 그 안에 갇혀 한

사나흘 캄캄해지고 싶어 위대한 책들 앞에선 더더욱,

관념이 짜주는 파리한 즙이 흘린 문장을 따라가노라면 머리가 지끈거린다 책의 고문,
진리를 살해한 자와 공범이 되기 위한 통과의례? 혹은,

그러고 보니 내 블랙 파카만년필도 조금 외로워 보이긴 하다
북회귀선을 넘어가는 태양처럼

본능과 본능이,
타오르는 책들

잠행

한 모금의 당신, 한 모금의 갈증에 견딜 수 없어 한밤중에도 달빛 밟으며 찾아가는 그곳을 아시는지 슬리퍼를 끌고,

경계는 얇고 투명해서 금이 가거나 깨질까봐 늘 아슬아슬하지 자, 유리문을 밀고 들어와 언제든 대환영이야

진열대 위 손 뻗으면 닿을 곳에 있는 저것들 엉덩이에 찍힌 바코드가 붉지 오랜 추적 끝, 불심검문에도 눈 한 번 깜짝 않을

고사 지내는 상 위에서 찡긋 윙크하던, 죽은 짐승의 입에 물린 지폐처럼 빳빳이 고개 쳐든 존재의 이유 같은 건 묻지 마

일회용도시락일회용칫솔일회용생리대일회용지퍼백…… 저것들처럼 딱 한 번뿐인 생을 살다가긴 마찬가지, 리허설도 없이

가문의 영광도 나쁜 혈통도 결국 그 얼굴이 그 얼굴이지 부패의 천국에 들어 썩어 문드러지면, 농담처럼 진담처럼

쉿!

홍정도 환불도 모르는 저 유리문 경계 속으로 사라지고 싶어
당신도 하느님도 모르게
슬쩍, 나를 훔쳐

신성한 접속

동성로 밀리오레 광장 모퉁이
타로점 부스
비닐 천막의 무의식 속으로 냉기가 흐른다

천장에 매달린 노란 알전구가
전생인가 후생인가
내 별자리를 찾아가는 길에 만난 소혹성 같다

탁자에 마주앉은 그녀는 처녀일까
헤라클레스 같은 숨겨둔 애인이 있을까
현란한 손놀림으로
카드를 섞는 점성술사의 손은 길고 창백하다

건성으로 쏜 화살이
엉뚱한 과녁에 맞는 법,
잡생각일랑 말고 가장 간절한 것을 생각하며 일곱 장만 뽑으란다

손을 대는 순간
일억 광년 머나먼 거리를, 빛이 내게 온 거보다 빠르게
내 안의 풍경들을 읽으며 지나간다
실오라기 하나 걸치지 않은

신성한 접속

이윽고, 탁자 위 펼쳐진
나라는 상징을
해독하는 일은 순전히 그녀의 몫이다

아득히 먼 데 빛나는 것들이 있어

거울 속에는 태양이 뜨지 않는다
매끄러운 빙판 같다
아득히 먼 데
빛나는 것들이 있어 홀로 춥고 따뜻하다

거울은 늘 거기 있지만
거기, 없다
빛의 음성
빛의 입술이 닿는 순간
빛의 속도로 달려나간다

쌩쌩 태양자전거를 타고

거울은 텅 비어 있을 때 가장 거울답다
스스로 균열이 가거나
눈물 뚝뚝 흘리는 일 따윈 하지 않는다
등 돌리고 떠나간 것들
치사한 흔적이 없다

>

상처 없는 거울은 얼마나 심심할 것인가
몸 전체가 눈동자인, 너라는
사각지대를 깨고 나와 봐
나를 왜곡하고
거짓말을 해봐

영영 돌아오지 마

마지막 수업

그가 마지막 수업을 하고 돌아왔다

언젠가, 대학 졸업사진 속에서 넝마주이들에게 둘러싸여 환하게 웃고 있는
그를 본 적 있는데
한 시절, 청춘이 막차를 타고 떠나간 줄도 모르고
야학에 빠져
천막 교실에서 넝마주이들이 깡통에 얻어온 쉰밥을 나누어 먹기도 하고
다른 패거리들과 싸움질하는 것을 말리다가 다친 상처가
아직도 훈장처럼 남아 있는데

그는 한마디로 별난 선생님이었다
아이들 생일 챙겨주는 것은 기본이고
새벽 일찍
아이들이 오기 전에 교실을 빗자루질하는 것도 그의 몫이었다
젊은 시절엔
넝마주이들이 망태를 들고 학교로 찾아오는 바람에

걸배이* 대장이라는 별명이 붙기도 했다는데
암튼, 그는 '이 시대의 마지막 FM'으로 통했다

그런 그가
한 지붕 아래 사는 내겐 벽창호 같고
욕망도 야망도 없이
오로지 아이들을 사랑하기 위해 태어난 사람처럼
살아가는 그를 보고 있노라면 내가 영락없는 속물 같고
더러는
그의 '한결같음'을 깨고 싶어 안달복달했는데

---

*경상도 사투리로 거지를 일컬음.

와도 그만 가도 그만

공연히 싱숭생숭한 봄날이구요
시인들끼리 가창골짜기에 놀러갔다가 선배 시인 글방에서
윷놀이가 벌어졌는데요

윷판이 깔리고
우리는 동그랗게 둘러앉았어요
술잔이 한 순배 돌아 얼굴이
아직 일러 피지 않은 뒷산 진달래처럼 발그레해지는데요

처마 밑에 벗어둔 신발들이 봄비에 젖는지도 모르고
윷이야, 모야
서로 잡고 잡아먹히면서 박장대소하는데
빗줄기는 점점 더 굵어지고
나만 번번이 깨지는데요

에라, 모르겠다 하고 허공 높이 던졌는데
윷이 나오더니 아 글쎄,
모까지!

>

이 편승, 이 작당

판이 뒤집히고
그토록 간절히 기다릴 때는 오지 않고
와도 그만 가도 그만
무덤덤한 임처럼 주룩주룩 봄비 오시는 날인데요

즐거운 요리

내 친구 J는 알아주는 기자였다
대학 졸업하자마자 들어간 신문사에서 필력을 날리다가 명퇴하여
〈카페 프란체스코〉 여사장님이 되었다
독실한 크리스천에다가 독신인 그녀가 주말이면
교회에 자청하여 식사당번 하러 간다는 걸 알곤 있었지만
요리하는 그녀라?
인생 이모작 치곤 대반전이다
암튼, 한때 대구문화계를 주름잡던 발로 주방을 들락거리고
평생 원고를 쓰던 손으로
야채를 썰고 볶는 솜씨가 일급 요리사다
가끔 그녀가 손님의 발길이 뜸한 오전 무렵쯤
햇살 잘 드는 창가에 앉아 노트북을 두드리노라면
프라이드 반 양념 반이 아니라
머리와 손, 정신과 육체
경계가 사라진 요리 하나가 뚝딱 완성된다
가령, 머릿속에서만 맴돌 뿐
도무지 꽉 막혀버린 생각을

도마 위에 올려놓고 깍둑썰기를 할까 채썰기를 할까 망설이
다가
감정을 잘 잡아 오븐에 노릇노릇 구워낸 후
비장의 소스를 솔솔 뿌려
맛있는 문장이 완성되는,
상상만 해도 입안에 군침 도는
그런

이기적 유전자

사막에 사는 식물들은 키가 작고 잎도 자잘하지만
뿌리는 엄청 길다
십리 밖 흐르는 물소리를 듣고 걸어가기 위해선
뿌리가 귀이자 발인 셈

태양이 정수리에 꽂히는 한낮이면
표면적을 줄이고 숨구멍을 닫고 죽은 듯이 산다
그들이 다육다즙기관을 지닌 것은
유전적 특징

모래언덕을 만들며 낮은 북소리로 우는 투쿠투코,
선인장 가시를 두려워 않는 흰목숲쥐, 늑대생쥐는 사막생존 전문가다
물 한 방울 없이도 며칠을 견딘다
한낱 로봇 기계일 뿐일 몸속
유전자가 자신을 후대에 전달하는 임무를 수행하기 위한
즉, 자기복제를 위한 전략 때문

그럼, 난 왜 자꾸만 사막이 그립고
가시가 먹고 싶어지나
검은 폭풍도 두렵지 않고
목마를수록
피돌기가 잘 되고 살고 싶어지나

---

*이기적 유전자 : 생물학자이자 작가인 리처드 도킨스의 저서.

오래된 무기

박물관 유리상자 속 청동 녹슨 웃음 흘리고 있는 저것은, 볼모의 시간 고 뾰족한 끝이 가리키는
동서남북 방향도 잊은 지 오래면서

이걸 운명이라고 해야 하나 널 처음 본 순간 내 가슴으로 날아와 박혀버린, 빼도 박도 못하고 무덤까지 가지고 갈 이 징할 놈의

그러니까 이 악물고 버틸 때까지 버티다가 고요의 배꼽을 느끼는 순간, 독수리가 먹이를 쪼아 먹듯 무섭게 시위를 떠나는 것인데

독 묻은 입술로 태양의 심장을 향해 날아가 기어이 숨통을 끊어놓고야 마는, 천기누설의

시누대숲에 달이 뜬다 서리 내리고, 거센 해풍에 잘 견딘 놈 하나 예각으로 베어내던 마음 휘영청 밝은, 달의 현(弦)이 팽팽해진다 빗발처럼 쏟아지는 달빛, 궁 상 각 치 우……

제4부

모래 여자

내 청춘의 일엽편주는 질풍노도도 좌초도 없이 무사하나 돛대도 아니 달고 삿대도 없이 어디 가나 고슴도치처럼 가시 돋은 스무 살은 또 얼마나 어여쁘나

그러니까 '아득하다'라는 말의 시원(始原)은, 당신인 셈인데, '아뇩다라삼먁삼보리'가 생각나나 불가해할수록 아름다운, 당신이라는 오해가 영원하여서 아득하도록

지구는 왜 돌고 도나 내 슬픔은 떠돌이별이 되어 아무 사막에라도 불시착하고 싶은가 저 낙타는 왜 혹이 둘이며 내 변명의 팔 할은 늘 횡설수설인가

당신, 꽃피는 갈증이야 내 목에 갖다 대도 눈 하나 깜짝 않을 비수야 지독한 모래폭풍이야

지나간 것은 다 지나가기 마련인데 가시를 뽑을 때마다 옆구리에서 줄줄 모래가 쏟아지나
아직도, 가슴이 아프나

죽은 나무

천둥 먹고,

짐승의 울음 같은 캄캄한 하반신만 남아

어둠이 새끼를 치고 드난살이하느라 잠들어도 잠 못 이루고

죽어서도 죽은 것이 아닌 나는 내 몸이 요람이자 무덤인 셈인데 그러니까

살아 천년, 죽어 천년이니 이미 나는 영원이다

무릎 아래, 엄지발가락부터 내밀어 연둣빛 기별을 먼저 보내온 어린 박쥐나무의 환생을 믿기에

내가 죽고 내가 썩어 당도한 어느 고단한 봄날, 해와 달의 혼교가 아름다워

묘일묘시에 죽은 신령한 바람이 와서 내 혼의 맥을 짚다 가는지

누가 제를 지내는지 새끼줄까지 두르고 괜스레 소지 연기처럼 서러워지는데, 진설도 음복도 없이

돌무더기 쑤셔 박고 더욱 캄캄해져서는 퀭해지는 것이다 공동(空洞)도,

후생도 깊고 깊어

명부(冥府)에 들지 못한 무주구혼들아

외로우니까 진짜 귀신이다

재즈
— Rag Time

지독한 욕설처럼, 여기저기
불탄 자국 선명한
강가에 형체를 알아볼 수 없는 것들이 쓰레기더미처럼 쌓여
있다
전자 폐기물들,
홀로코스트를 기다리는

검은 연기 속에서
피부 빛이 검은 아이들이 끼리끼리 모여
국적도 어미 아비도 모르는 저것들을 태우고 있다
불꽃과 씨름하느라
쇠꼬챙이처럼 벌겋게 달아오른 얼굴들은 무표정하다

적도의 뜨거운 태양 아래

불꽃이 사그라질 만하면
폐타이어며 스티로폼 같은 것들을 던져 넣을 때마다
검은 연기가 지독한 냄새를 피워대고 있다

악마에게 팔아버린
영혼의 팔뚝에 새겨진 문신처럼
죽어도 지워지지 않을

너희가 재즈를 아느냐?

깨진 유리 조각 사이로
머리는 머리대로 팔다리가 떨어져나간 채 타오르는 저것들,
악쓰듯
미친 듯
세상에 없는 장르가 되어 부르는 노래를

영영 재생산될 수 없는

죽음의 재구성
— 파슈파티나트*

화장대 위에서 죽은 자가 발을 빼꼼 내놓은 채 타오르고 있고
다른 한쪽에서는
새로운 주인을 맞기 위해 새 장작을 쌓고 있고
또 다른 한쪽에서는 화장잔해와 지푸라기를 씻어 강에 흘려 보내느라 분주한 강변 화장터

시궁창 같은 강물 속에
팬티만 입은 한 무리의 아이들이 놀고 있다
가만 보니
그물과 막대기를 들고 조금 전까지 '사람이었던 무엇'의
잿더미 속에서 무엇인가 찾기 위해 강바닥을 열심히 뒤적이고 있다

그 많은 신들은 다 어디로 갔을까

죽음이란, 타오르다가 사라지는
있다가 없는, 평온한 것
조금도 두렵거나 무섭지 않은 것

>

언제나 가까이 불러 놀게 하고
죽은 자에게 마지막 차려준 음식으로 주린 배를 채워주고
단 하나의 희망,
신의 축복이라 믿게 하고

---

* 네팔의 힌두교 성지이며 강변 화장터가 있음.

영역 소유권

신의 땅 인도에서
인간의 땅 네팔 국경 넘어가는 길

버스는 하루 종일 툴툴대지도 않고 잘도 달린다
장거리 여행 때 가장 큰 고민은 잘 먹고
잘 배설하는 일

그래도 도중에 생리현상의 신호가 올 만하면 내려서
영역표시 하고 오란다
휴게소도 없는
허허벌판에 남자는 왼쪽, 여자는 오른쪽으로

남자는 가볍게 등 돌려 서서 지퍼만 내리면 해결되겠지만
여자는?
암튼 급한 불은 꺼야 하니 풀숲 같은 데로 가
서로 눈치 보며 요령껏 허연 엉덩이를 까고 앉는 것인데

흔히 동물들은 발톱자국이나 오줌을 갈겨

니 꺼, 내 꺼를 가린다
개를 몰고 집 밖을 나서보면
오줌부터 찔끔대기 바쁘다

신의 영역, 인간의 영역
니 땅, 내 땅
넘보지 말아야 할 영역 싸움으로 역사는 피로 물들었다

여자들이 떠난 자리마다 영역표시가 선명하다

풍문(風聞)

화장터 연기 뭉게뭉게 피어오르는
게스트하우스 옥상에서
아이들이 연을 날린다

막 유체이탈 한 혼백처럼 두둥실 날아오르다
뚝,
실 끊어진 연이 풍문(風聞) 같다

한밤중에 하시시를 구하러 나온
유럽 애들이 실종되었다는 둥
새벽에 강가에서 산책하던 일본 여자가 강간당한 뒤 살해되었다는 둥,
꼬리에 꼬리를 물고 바람결에 떠돌던

연(緣)의 끈
놓아버린 것들이 화장터 장작불 위에서
활활

미로 같은 좁은 골목길로 대나무 들것에 실려와
마지막 생의 불꽃을 태우는
목숨, 풍문이

난다
높이
높이 떠올라 한 점, 소실점이 되어 사라질 때까지 날아
올라간다

갠지스의 하늘에는 풍문만 무성할 뿐 입들이 없다

모른다

내가 사는 아파트 2층 여자가
비 오는 날 수발못에서 자살했다
지독한 우울증에 시달렸다는데
그녀를 나는 모른다

8층 여자 혼자 집 보고 있는데 대낮에 강도가 들었다
강간을 당했다는 둥
그 일로 정신병원에 입원했다가 나와
남편이랑 이혼했다는 둥 별별 이상한 소문이 나돌았는데
그녀를 나는 모른다

여름비가 부슬부슬 뿌리던 날 밤에
시숙이 돌아가셨다는 부음을 받고 상가엘 다녀왔는데
사람들이 현관 앞에 모여
14층 남학생이 투신자살했다고 쑥덕거리고 있었다
바로 위층에 살았는데
그 아이를 나는 모른다

이빨 빠진 짐승의 아가리 속 같은
한 입구로 드나들면서
엘리베이터를 타고 오르내리며 한번쯤 스쳐 지나거나
눈 마주쳤을 법도 한데

놈의 캄캄한 뱃속을 나는 모른다

얼마나 많은 허방다리가

산 입구 천막식당에 중년의 남녀가 들어선다
가만 보니 둘 다 장님이다
남자는 찬 없이 국수만 후루룩 말아 먹곤
연거푸 소주잔을 비워대는데
여자는 찬그릇을 더듬어 일일이 확인한 후에야 젓가락을 든다

그릇과 그릇 사이

얼마나 많은 허방다리가
푹푹 발목 빠지고 무릎 깨지게 했을까
좌충우돌 난감함으로 달아올랐을 손가락 끝
감각의 제국을 세웠을까

그곳은 해가 뜨지 않는 나라
빛이 없어 캄캄하여도 집 찾아 돌아오고
밤이면 사랑을 나누고
아이를 낳느라 가위로 피 묻은 탯줄을 잘랐을 테고

이윽고 얼굴이 불콰해진 남자는
한 손엔 지팡이, 한 손엔 여자 손잡고 제왕처럼 식당 문을 나선다
꽃구경 간다
복사꽃 휘날리고

꽃향기에
어둠의 빛 알갱이가
톡톡,
꽃눈처럼 일제히 터져 나와 눈부시고

연우에게
— 하얀 나라

하얀 커튼을 향해
아기가 웃는다

흰색은 세상에서 가장 재미없고 지루하고 심심한 색인데

누구에게 하는 건지 옹알이까지 한다

아기가 옹알이를 하는 것은
전생에 있었던 일을 말하는 거라지
아기가 막 태어날 때
머리 한가운데, 즉 천문(天門)이 팔딱팔딱 뛰는데 그건 그 순간까지
자신의 전생과 통하고 있다는 거라는데

아기의 눈에 흰색은
고 투명하고도 쪼끄만
분홍 입술을 열어
발음하는 순간 공기의 파장이 일어 닿아야 할

하얀 나라

첫 동네
첫 대문
첫눈
첫 만남
첫 발자국
첫울음
첫 숟가락
첫,
첫,
첫,
첫으로만 가득한

청산가리 꽃 만개한
— 성탄 전야

그를 떠나보내고 정선 화장터에서 돌아오는 길
첫눈이 내린다
밤의 화구(火口) 속으로
하얀 불꽃, 펑펑
순결한 몸의 탄생을 알리는 폭죽이 터진다

하늘에는 축복
땅에는 영광
오늘밤에는 아무도 빈손으로 귀가하지 않으리라
무거운 침묵이
희부연 성에로 낀 차창 너머로 무심코 훔쳐보는
어린 상주의 품에는 차가운 유골상자가 안겨 있다

남은 생을 반납하기 위해 하룻밤 묵었을
여관방 백열등 희미한 불빛보다 어두워진 얼굴들이
흔들리면서 꾸벅꾸벅 졸고 있고
길은
가속페달 밟느라 헉헉 숨이 차오르고

>

허공에

타다 만 어둠의 등뼈에

펑펑, 흰 청산가리

꽃 만개한

고요하고 거룩한 밤

'참'이란 말

햇살 참 좋은 날 산길 걷다가
야외 자연학습장 안내판 앞에서 잠시 발길 멈추었는데요
참나무라는 나무는 없다네요
말 그대로 진짜 나무인데

가뭄 들어
흉년이 들면 도토리가 더 많이 주렁주렁 열리는 것이어서
산짐승도 먹고,
백성들은 묵을 쑤어
그 쌉쌀한 음식으로 허기를 면하고 겨울을 났다는

신갈·떡갈·상수리·굴참·갈참·졸참나무
이름 하여, 참나무 육형제라 불리는 나무로 만든
참숯이 숯 중에서도
가장 화력이 좋고 오래 탄다는데

참,

참좋은물, 참좋은싱싱두부, 참편한나라클리닉, 참조은건설, 참된교회, 참한의원, 참산부인과, 참샘하우스, 참소주……

참이란 말
참, 울울창창(鬱鬱蒼蒼)하네요

폐차가 되고 싶다

더 이상의 질주도 전전긍긍도 타인의 피처럼 시큰둥해져서
나를 나이게 했던 것들
툴툴거리며 편두통 앓던 나사못일랑
코르셋 훌훌 벗어버리듯 풀어버리고 싶을 때

어느 날 갑자기
폐경이 찾아와
어쩌겠나, 결코 폐업하고 싶지 않은 여자를
순순히 반납해야 할 때

오직 내 것이라 믿으며 탐했던
검은 아스팔트와의 뜨거웠던 동침도 추억의 트렁크도 텅텅 거덜 나서
절정의 아득한 높이에서
추락하는 붉은 녹이고 싶을 때

바퀴에 낀 진흙 같은
욕망을 배설하듯 딱 한 번의 서스펜스,

미친 속도의 짜릿한 전율에

목숨 걸고 싶을 때

---

*최재목의 시집 제목 차용.

길은 언제나 멀어야 했으므로

우루무치에 가고 싶었다
번지 없는 내 유목의 피는

밥 먹듯 노숙을 하고
길에서 아침을 맞으며 떠오르는 해를 보고 싶었다
세상에서 가장 크고 순결한 알 같은

고장난 풍향계처럼
오늘이 어디에서 불어와 어디로 불어가는 줄도 모르고
초원의 양떼처럼 떠나가듯 돌아오고
돌아오듯 떠나갔으면 했다

하늘을 외경하고
벼락을 두려워할 뿐
돌아올 길에 대한 불안이나 걱정일랑 바람에게 실어 보내고
길을 잃고 헤매고 다녀도 좋았다
길은 사라져도 길이었으니까

그러다가 우연히 만난
카자흐 사내와 눈이라도 맞는다면
벽난로에서
자작나무 껍질 타는 소리가 자작자작 나는 천막집에서
딱 석 달 열흘만
유목민 가시내가 되어 살고 싶었다

길은 언제나 멀어야 했으므로

게임, 이 미친
— 바람의 나라

인생이란
내가 나를 견뎌내느라 허랑방탕했던 그 많은 시간을
지루하지 않기 위해 벌이는
한 판의 게임

만일 바람의 말만 흘리고 돌아선
당신이란 오해가
당신이란 미로가 없었더라면
사랑이란 게임이 얼마나 시시했을까

이 지독한 몰입,
망각의 유토피아
우주 한복판으로
오롯이 홀로인 내가 찾아가는 바람의 적멸보궁이여

꿀통 속에
코를 박고 잉잉대는
당신을 향한

병적인

손 털고 나면 더욱 공허해질 줄 뻔히 알면서도
텅 빈 주머니
짜릿한 흥분으로 차오르지

Game Over를 모르지

붉은 강

동지섣달이었나 한밤중에 오줌이 마려워 마루 끝에 놓여 있는 요강 뚜껑을 열다 말고 무심코 들여다본 속이 벌겋다 아버지가 거기다 대고 각혈을 했나 달님이 몰래 달거리를 해놓고 갔나 하얀 사기요강이 달님 엉덩이처럼 차고 우련한데, 암튼 오줌도 못 누고 잠자리에 누우니 천장이 온통 붉은 강이더라 무서워 이불을 뒤집어쓰면 건넌방에서 들려오는 아버지의 기침소리, 귀를 틀어막아도 들리는 콜록콜록 붉은

저 꽃모가질랑 잘라 숨통을 끊어버리고 싶어 가래 끓는 소리 가릉거리는 꽃잎 속에는 얼굴도 모르는 할아버지의 비명횡사가 있고, 콜록콜록 숨찬 아버지의 귀갓길이 있고, 아버지의 자수성가가 꽃처럼 서러워서 아름답더라 참나리 노랑하늘타리 맥문동 물달개비 가막사리 골무꽃 광대수염 미역순나무 애기땅빈대 이삭여뀌 자금우 모싯대 박주가리 끈끈이주걱 덩굴광대수염 손바닥난초 뽕나무 마가목 꿀풀 둥굴레 석잠풀…… 폐병에 좋다는 것들 약탕기에 넣고 달이는 냄새로 진동하는 봄날 막 달거리가 시작되고, 나도 병 하나 얻었더라

가슴이 콩콩 뛰고 얼굴이 새빨개졌지 그 애를 보면,

해설

사랑의 적멸보궁

장석원(시인 · 광운대 교수)

시의 기원을 찾고 근원으로 돌아가기 위해 시를 쓰는 우리들이 새겨두어야 하는 것은 무엇일까. 여기에 시에 대해 끝없이 의문을 던지는 시인이 있다. "입 없는 돌멩이의 몸 빌린/바람이 서로 고단한 몸 포개"고 있다. 이것이 바로 시이다. 강해림의 시가 자리를 잡는 곳이 보인다. 시는 입이 없어 말을 할 수 없지만 '몸의 돌멩이'를 우리에게 던진다. '바람의 탑'이 저기에서 우리를 기다린다. 바람과 돌. 돌이 될 수 없는 바람, 바람이 되어 허공으로 돌아갈 수 없는 돌. 바람이 긴 시간 동안 돌을 깎아낸다. 아주 오랜 시간 후에 돌이 바람과 하나가 된다. 바람과 돌은 시간과 겨루며 서로의 존재를 마멸시킨다. 사랑하던 두 사람이 이별 후에 서로의 존재를 갉아내듯이, 또는 사랑하는 두 사람이 사랑의 절정에서 뿜어내는 사랑의 호흡 속 돌덩이 같은 뜨거움이 두 육체를 녹여내듯이, 돌과 바람은 강해림의 시적 에너지를 집약한 시어이다. 그는 돌과 바람의 몸으로 "허공에 쓰는/첫 문장도/끝 문장도 없"(「바람의 사전」)는 영원의 시를 불러낸다.

엄마, 한번 불러보지도 못하고 사산된 울음아

(중략)

그 흔한 봉분도 관도 없이 처형의 세월 견디고 있는 말의 침묵, 말의 형벌아

너 가면 나도 갈 텐데, 남긴 뼈 하나 채 수습하지 못한 청춘아

버려진 상엿집 똬리 튼 배암 옆에서 하루 종일 잠이나 자빠져 자는 오색 만장 같은 슬픔아

단 한 번의 사정(射精)을 위해 백 번을 참고 참았다가 오는 새벽아

허공에, 넋전이 나부끼고 무쇠식칼이 날아다니고 쌀알이 흩어진다 흰 피 풀어 씻김굿 하는 어둠아

환한, 밤의 자궁아

—「그냥 한번 불러보는」 부분

강해림은 시를 "그냥 한번 불러보는" 것으로 여기지 않는다. 그에게 시는 "사산된 울음"이다. 엄마의 자궁에서 죽은 채 태어나서 "엄마"를 한 번도 불러보지 못한 '사산아'이다. 지금까지 죽은 시만 탄생시켰을 뿐인 것이다. 살아 있는 시를 세상에 내놓기 위해 "봉분도 관도 없이 처형의 세월 견디고 있는 말의 침묵, 말의 형벌"을 견디고 견디며 강해림은 시와 결투한다. 그의 시에 핏빛이 진한 이유이다. 시가 시인에게 형벌을 부여한다. 시를 쓰는, 시를 기다리는 시인의 초상이 "버려진 상엿집 똬리 튼 배암"을 지나 "단 한 번의 사정을 위해 백 번을 참고 참았다가 오는 새벽"으로 응집된다. 흰 새벽 같은 정액과 어둠이 생성하는 강렬한 대조는 시가 탄생하는 순간의 광휘를 폭발적으로 드러내기에 충분하다. 사랑 후의 죽음, 사정 후의 작은 죽음이 연상된다. 단 한 번의 사정 후에 의사 죽음을 맞이하는 사랑하는 사람의 얼굴이 보인다. 그것은 쾌락에 젖은 환희도 고통에 신음하는 형벌도 아니다. 평온뿐이다. 강해림의 시가 사랑 후에 공허에 젖은 우리들의 표정을 떠올리게 한다. 시인은 "넋전이 나부끼고 무쇠식칼이 날아다니고 쌀알이 흩어"지는 순간, 뒤에 찾아올 "흰 피 풀어 씻김굿 하는 어둠"을 끌어안는다. 어둠 속에서 시인의 몸이 발열한다. 어둠 속, "환한, 밤의 자궁" 안에 시가 꿈틀거린다. 강해림의 자궁에 시가 들어 있다. 새벽이 온다. 하얀 새벽이 온다. 어둠이 흰 정액을 사정한다. 광명이다. 시의 아침이다. 죽음에서 생명으로 시가 건너온다. 강해림이 시를 낳는다.

짱짱 태양미사가 시작되고

염부는 사제가 되어 성소인 염전에 들지 검정 장화를 신고 고무래로 바다를 밀고 다니느라 뜨겁게 타오르지 저 끝없는 노동, 스스로 번제의 제단에 오르기 위해 벌겋게 익어가는 중

이윽고 마지막 남은 등뼈까지 다 태우고 증발하자
지천에
핀, 저 희디흰
부활의 수사(修辭)가 눈부시지

—「이것으로 소금밥을 짓고」 부분

새벽의 목덜미를 타고 오른 태양을 바라본다. "짱짱 태양미사가 시작"된다. 여기는 염전. 강해림은 소금으로 이런 행동을 한다. "상처에 대고 박박 문지르"는 것, "짜디짠 소금밥을 짓"고 "시를" 쓴다. 강해림은 소금을 직접 생산한다. 자신이 물에서 끄집어낸 소금으로 자신의 생을 염장한다. 허공에서 돌을,

물에서 소금을, 어둠에서 새벽을 추출하는 시인의 힘이 집약된다. 시작된 태양미사의 주인은 강해림. "염부는 사제"가 되었다. "염전에 들"어가기 위해 "장화를 신"는다. "고무래로 바다를 밀고 다"닌다. 태양 밑에서 태양이 되기 위해 스스로를 불태우는 제의가 펼쳐진다. 바다가 증발한다. 소금이 허공에, 바람에 들어찬다. 소금은 기체일지도 모른다. 바다가 소금을 뱉는다. 사제의 얼굴에 소금이 맺힌다. 소금꽃이 핀다. 강해림은 "스스로 번제의 제단에 오르기 위해 벌겋게 익어가는 중"이다. 시인의 몸이 다 타고 나면 무엇이 남을까. 소금뿐, 소금뿐. 소금밭의 사제가 소금 기둥이 된다. "마지막 남은 등뼈까지 다 태우고 증발"한다. 시인이 소금으로 부서져 내린다. "지천에/핀, 저 희디흰" 소금 알갱이들. 시인의 영육이 만들어낸 소금이 보인다. 썩지 않을 것이다. 자신을 염장시켜 시 한 편을 봉헌한 강해림. "부활의 수사"가 된 소금 결정, 문장 속의 단어, 시인의 언어. 강해림의 시에는 에너지가 가득하다.

폐염전, 소금창고 한쪽 구석에 디지털 피아노가 버려져 있다 다리가 없다 나무판자 틈새로 들락거리던 해풍에 헐거워진 불구의 몸이 입 꾹 다문 채 금방이라도 흘러내릴 듯

모닥불 타다 만 흔적인 듯 검게 그을린 바닥에 찢어진 비닐 쪼가리와 페트병, 지푸라기가 함부로 나뒹굴고 있다 해

저물고, 소금창고는 배고픈 짐승처럼 저 혼자 텅 비어서 캄캄한데

저 오래 버려진

갯벌 구멍 숭숭 뚫린 것들끼리 상처 핥아주며 온기 나누는 밤이야 오지 않는 협궤열차를 기다리며, 너무 외롭고 막막해져서 서둘러 한 몸이 되어 엉켜버릴
달빛커튼 아래

사는 게 빈 소금부대 같아서 참 치욕 같아서
또 어느 늙은 염부가
지겹고도 지겨운 수차를 돌리는지 쓰디쓰려서
저절로 음악이 되는
몸, 폐허

—「저 오래 버려진」 전문

죽음만이 남겨진 폐염전이다. 육신의 죽음 후에 시로 부활한 강해림이 희생제의의 현장에 서 있다. 이곳에 "불구의 몸"이 버려져 있다. 시인은 폐기된 디지털 피아노와 자신을 동일시한다. 연주할 수 없는 악기, 음악을 들려줄 수 없는 몸. 피아노와 시인. 지금 이곳에 쓰레기 나뒹굴고, "해 저물고, 소금창고는 배고

픈 짐승처럼 저 혼자 텅 비어서 캄캄"하다. 시가 죽고 난 후, 사랑이 떠난 후, 제 몸을 비워낸 창고 같은 시인의 몸속을 휘도는 바다의 바람이 짐승처럼 허공을 할퀸다. 강해림은 폐허에서 새로 돋는 살을 기다린다. 염전에서 염원한다. 감염된 절망을 폐염전에 버리려고 한다. 시인이 포근한 연민의 눈빛으로 바라보는 것. 시인이 받아들인 약한 것들의 슬픔. "구멍 숭숭 뚫린 것들끼리 상처 핥아주며 온기 나누는 밤"이 찾아온다. 강해림이 하고 싶은 행동, 아니 해야 할 일이라고 여겨도 좋을 것이다. "너무 외롭고 막막해져서 서둘러 한 몸이 되어 엉켜버릴" 것들을 쓰다듬는다. "달빛커튼 아래"에서 시인은 사랑의 먹먹한 기쁨을, 비로소, 발견한다. 폐염전에서, 썩지 않는 사랑이 염장된 곳에서 강해림은 "치욕 같"은 생을 견딜 힘 하나를 확인한다. "어느 늙은 염부가/지겹고도 지겨운 수차를 돌리"는 이유를 깨닫는다. 아무리 생이 쓰라린 것이라 해도, 사랑이 있다면, 사랑으로 지탱해나갈 생이 있다면, "저절로 음악이 되는/몸, 폐허"의 아름다움을 깨닫는다면, 우리는, 더 많은, 살아갈 이유를 지닐 수 있을 것이라고 강해림이 말한다. 폐허의 몸에 들어찬 사랑이 병든 우리를, 아픈 강해림을 치유하는 것은 당연한 이치. 다음 시를 보자.

동지섣달이었나 한밤중에 오줌이 마려워 마루 끝에 놓여
있는 요강 뚜껑을 열다 말고 무심코 들여다본 속이 벌겋다 아버지가 거기다 대고 각혈을 했나 달님이 몰래 달거리를 해 놓고 갔나 하얀 사기요강이 달님 엉덩이처럼 차고 우련한데, 암튼 오줌도 못 누고 잠자리에 누우니 천장이 온통 붉은 강이더라 무서워 이불을 뒤집어쓰면 건넌방에서 들려오는 아버지의 기침소리, 귀를 틀어막아도 들리는 콜록콜록 붉은

저 꽃모가질랑 잘라 숨통을 끊어버리고 싶어 가래 끓는 소리 가릉거리는 꽃잎 속에는 얼굴도 모르는 할아버지의 비명횡사가 있고, 콜록콜록 숨찬 아버지의 귀갓길이 있고, 아버지의 자수성가가 꽃처럼 서러워서 아름답더라 참나리 노랑하늘타리 맥문동 물달개비 가막사리 골무꽃 광대수염 미역순나무 애기땅빈대 이삭여뀌 자금우 모싯대 박주가리 끈끈이주걱 덩굴광대수염 손바닥난초 뽕나무 마가목 꿀풀 둥굴레 석잠풀…… 폐병에 좋다는 것들 약탕기에 넣고 달이는 냄새로 진동하는 봄날 막 달거리가 시작되고, 나도 병 하나 얻었더라

가슴이 콩콩 뛰고 얼굴이 새빨개졌지 그 애를 보면,

—「붉은 강」 전문

아름답다. 압권이다. 요강 속의 빨강이 보인다. 아버지의 각혈일까, 달의 달거리일까. "하얀 사기요강이 달님 엉덩이처럼 차고 우련"하다. 다시 잠자리에 들었지만 잠은 달아난 지 오

래. "천장이 온통 붉은 강"이 되었다. 아버지는 "건넌방에서" 기침을 하고, "귀를 틀어막아도 들리는 콜록콜록 붉은" 기침 소리 안에 "얼굴도 모르는 할아버지의 비명횡사가 있고, 콜록콜록 숨찬 아버지의 귀갓길"도 들어 있다. 아버지의 기침 소리가 운반해온 영상들, 과거들, 살아 있는 기원들, 고통의 습격들. 붉은 기침을 토해내는 붉은 꽃의 붉은 "꽃모가질랑 잘라 숨통을 끊어버리고 싶"은 시인. 가래를 토해내는 아버지, 각혈을 쏟아내는 아버지, 아버지의 고통. '우리'를 낳고 키우고 성장시킨 아버지. 우리의 오늘을 만들어낸 "아버지의 자수성가가 꽃처럼 서러워서" 강해림은 아버지 대신 피를 토하고 싶어 한다. 떠나간 아버지를 위해 강해림이 할 수 있는 것은 시를 쓰는 일, 시의 꽃을 피우는 일, 그리고 "폐병에 좋다는" 온갖 약초들을 "약탕기에 넣고 달이는" 일. 각혈의 빨강, 기침의 콜록콜록, 약의 풀썩거림이 진동한다. 하나로 뭉개진다. 그날 강해림은 달거리를 시작했다. 아버지, 달, 딸의 달거리가 '붉음'으로 결합된다. 아버지의 붉은 사랑이 강해림을 탄생시켰고, 성장한 강해림의 붉은 사랑이 시작된 날이다. "병 하나 얻"은 날이었다. "가슴이 콩콩 뛰고 얼굴이 새빨개졌"다. "그 애를 보"게 된 날이다. 붉은 얼굴 하나 얻은 날이다. 아버지의 붉은 기침이 '나'에게 준 마지막 선물이다. 이제 "달님 엉덩이" 같은 둥그런 요강에 사랑을 잉태한 시인의 붉은 달거리가 들어찰 것이다. 죽음과 사랑과 삶이 새 생명으로 전이될 것이다. 사랑이 시작될 것이다. 사랑이 붉게 타오를 것이다.

산 입구 천막식당에 중년의 남녀가 들어선다
가만 보니 둘 다 장님이다
남자는 찬 없이 국수만 후루룩 말아 먹곤
연거푸 소주잔을 비워대는데
여자는 찬그릇을 더듬어 일일이 확인한 후에야 젓가락을 든다

(중략)

그곳은 해가 뜨지 않는 나라
빛이 없어 캄캄하여도 집 찾아 돌아오고
밤이면 사랑을 나누고
아이를 낳느라 가위로 피 묻은 탯줄을 잘랐을 테고

이윽고 얼굴이 불콰해진 남자는
한 손엔 지팡이, 한 손엔 여자 손잡고 제왕처럼 식당 문을 나선다
꽃구경 간다
복사꽃 휘날리고

꽃향기에

어둠의 빛 알갱이가

톡톡,

꽃눈처럼 일제히 터져 나와 눈부시고

—「얼마나 많은 허방다리가」 부분

이쯤에서 우리는 강해림을 사랑의 시인이라고 불러도 될 것이다. 이 아름다운 사랑의 현장 앞에서, 사실은, 할 말을 찾을 수가 없다. 맹인 부부의 한 끼 식사를 가만히 응시하는 시인의 아름다운 얼굴이 보인다. 행복하지 않을 수 있는가. 이곳에서 시를 발견한 시인의 천품이 느껴진다. 국수에 소주를 곁들인 식사를 마치고 꽃구경에 나선 맹인 부부가 있었다. "복사꽃 휘날"렸다. 남자가 "한 손엔 지팡이, 한 손엔 여자 손잡고 제왕처럼 식당 문을 나"갔다. "중년의 남녀"가 "산 입구 천막식당"을 빠져나갔다. "꽃향기"가 그들에게 "어둠의 빛"을 마련해주었다. 어둠 속에 빛을 인도했다. 꽃이라는 빛, 향기라는 끌림. 어둠의 "알갱이가/꽃눈처럼 일제히 터"진다. 어둠 안에서 빛이 터져 나온다. 빛이 출현한다. 강해림이 맹인 부부의 눈앞에 빛을 선사한다. 그들은 사랑 때문에 어둡지 않다. 어둠을 모른다. 더 밝아진다. 강해림의 맹인 부부가 봄보다 황홀하다. 강해림의 사랑이 꽃보다 아름답다. 우리는 다시 한 번, 여기에서, 사랑의 표정을 얻게 된다. 강해림의 시가 우리에게 선사한 아름다움, 강해림의 시가 일궈낸 가치가 증명되는 순간이다. 아름다운 봄날의 오후가 열리고 있다. 맹인 부부가 걸어간다. 꽃잎처럼 사라진다. 꽃이 떠난 후에 강해림이 남아 있다. 시인이 우리를 영원한 봄으로 데려온 것이다.

강해림의 시에서 우리가 느끼는 힘의 근원에는 사랑이 자리잡고 있다. 사랑은 참 흔하고 흔한 것인데, 사랑의 독창(獨創/獨窓/獨唱)을 마련한 강해림의 시. 단 하나의 창에서 유일한 노래를 부르는 강해림. 강해림의 시는 우리를 사랑의 바람으로 물들인다. 사랑의 시작과 끝을 하나로 묶어서 강해림은 사랑의 바람이 된다. "꽃들의 오지 않은 부음과/오지 않은 시간의 비문이 흘리는 농담과/죽은 꽃들의 다비식에서 불려나온 붉은 고요"로 우리를 데려간다. 그 속에서 우리는 사랑이 없어 병이 든 자의 모습을 본다. "환한 대낮에 거울 속 캄캄한 무덤에서 나온 여자"의 뒷모습을 본다. 그녀의 얼굴은 아직 어둠에 물려 있다. 사랑이 필요하다. 사랑만이 그녀의 얼굴을 돌려줄 것이다. 사랑을 위해 강해림은 "징역 사는 일"과 "참 쓸쓸한 일"과 "허공과 섹스하는 일"과 "시 쓰는 일"(「병들다」)을 내려놓지 않는다. 강해림은 사랑의 병에 고통받는다. "고요의 앵혈"(「실연」)을 지우기 위해 시를 쓰고, 바람이 전해주는 시를 얻기 위해, 처녀성을 잃는다 해도 바람과 섹스를 할 것이다. 강해림은 사막에 사는 식물처럼, 시를 향해, 자신의 핏줄을, 뿌리처럼, 뻗을 것이다. "십리 밖 흐르는 물소리를 듣고" 그곳에 닿기 위해 그의 뿌리는

"귀이자 발"이 될 것이다. 강해림은 시를 위해 바람의 적멸이라도 받아들일 것이다. 그곳에서 죽음을 맞이한다 해도, 바람이 숨을 거둔다 해도, 시의 응혈을 열망할 것이다. 강해림은 이룰 것이다. "이빨 빠진 짐승의 아가리 속 같은"(「모른다」) 시의 적멸보궁에서 시인을 본 듯하다. 강해림의 시는 더 단단한 시의 폐멸을 맞이할 것이다. 그곳에 이르기 위해서 강해림의 시는 더 많은 사랑을 발견해야 한다. 더 엄정한 사랑의 언어를 이룩하기 위해 강해림은 감정의 피가 묻은 시어를 불태워 허공의 재로 날려 보내야 한다.

이 도서의 국립중앙도서관 출판시도서목록(CIP)은 서지정보유통지원시스템 홈페이지(http://seoji.nl.go.kr)와 국가자료공동목록시스템(http://www.nl.go.kr/kolisnet)에서 이용하실 수 있습니다.(CIP제어번호: CIP2013027880)

시인동네 시인선 006

그냥 한번 불러보는

ⓒ 강해림

초판 1쇄 발행 2014년 1월 9일
초판 2쇄 발행 2014년 5월 19일
지은이 강해림
펴낸이 김석봉
책임편집 이현호
디자인 조동욱
펴낸곳 문학의전당
출판등록 제311-2012-000043호
주소 서울시 은평구 연서로11길 7-5 401호
편집실 서울시 마포구 마포대로 127, 413호(공덕동, 풍림VIP빌딩)
전화 02-852-1977
팩스 02-852-1978
블로그 http://blog.naver.com/mhjd2003
전자우편 sbpoem@naver.com

ISBN 978-89-98096-60-1 03810